Paolo Aldrovandi

URBAN LOVE

MAKES

URBAN POEM

Titel:	**Urban Love Makes Urban Poem**
Im Original von:	**Paolo Aldrovandi**
Auflage-Nr.:	**1**
Übersetzung ins Deutsche:	**Enrica Santoni-Rothfuss**
ISBN:	**978-3-9819541-1-1 Paperback** **978-3-9819541-2-8 e-Book**
Fotos, Layout, Verlag:	Independent-Verlag Marc Latza www.independentverlaglatza.de

Für meinen Sohn Ettore

Vorwort

Paolo Aldrovandi erlebt seine Dichtung sehr intensiv. Es ist seine Seele, die zugehört zu sein verlangt. Die Sonne kann nicht immer scheinen. Es gibt auch Stürme und Schneegestöber. Seine Gedichte zu übersetzen war für mich eine persönliche innerliche Arbeit, die auf mich einen kathartischen Effekt gehabt hat. Derjenige, der diese Gedichte liest, kann nicht unberührt bleiben.

Das ist der Sinn der echten Dichtung, vor allem heute, in einer Zeit, in der keiner weder den Mut noch die Stimme hat, seine innerlichen Leiden, in dieser immer unmenschlicheren Welt auszudrücken. Man soll nicht die rohe und leidende Dichtung fürchten, weil sie nur der Spiegel von uns selbst ist, und vielleicht auch die einzige Dichtung, die in der Lage ist, unsere unsagbaren innerlichen Menschlichkeiten reden zu lassen.

Enrica Santoni-Rothfuss

Inhaltsverzeichnis

Urban Love Makes Urban Poem

Inhaltsverzeichnis

Urban Love Makes Urban Poem

Inhaltsverzeichnis

Urban Love Makes Urban Poem

ONE

Urban Love Makes Urban Poem

Teil 1

Es bleiben drei Narren,

einer räuspert sich,

der nächste ist furchtbar und zieht über andere her,

der dritte schaut den Tod an,

und lächelt, während er den im Wind wehenden Rock sieht

und hier endet der Alptraum, ich wache auf.

Ich akzeptiere den Ratschlag des Fensters,

Deine Atmung dringt in mich,

die wie die ankommende Luft des Südens,

die die Ketten löst.

Ich atme Dich ein ohne zum Alptraum zurückzukehren,

aber Du entfernst dich von den wichtigen Dingen

und von den Sonnenuntergängen,

hältst immer das Archiv der Fehler geöffnet,

und wenn du kannst,

hebst du wie ein Hund Dein Bein zum Pinkeln.

Teil 2

Lege ruhig alles in die Schublade,
auch die zwei oder drei Nichtigkeiten,
die noch an deinem schmalen Herzen hängen,
renne schnell dorthin wo die Augen sich verlieren,
denn der Weg ist ja doch nur der übliche
langweilige sinnlose Kreis, wie Indianapolis.
Schau Dich um, die Zeit geht bei dir rückwärts,
die Wächter ziehen stehend nach Fanculo City
und der Hund, der Lärm machte, ist gegangen,
in den Urlaub wohl.
Deine Augen jedoch bleiben,
haben zwischen der einen und der anderen
vergossenen Träne ein Heim an der Ecke gefunden.

Teil 3

Die Details des Körpers vergessen wir zuerst,
es bleiben nächtliche Flashbacks
und häuten den Rücken auf der Suche nach Antworten.
Mein Herz, bereite dich heute Nacht aufs Ende vor,
ich höre Geschrei in meinem Gedärm,
so müde und so voll.
Erinnere Dich wer Du warst, bitte,
schließe die Fenster, wenn du willst,
lass die schlechte Luft draußen
da Du dich sonst unsicher fühlst,
und wenn Du die Augen wieder öffnest,
werde wieder ein Energiebündel für uns,
die wir auf die Planeten sprangen
und der Himmel schien uns ein Zeitvertreib,
in der Lage unsere Schuhe zu polieren.
Dort sind die Tage,
und ich bin nur Stunden von dir entfernt,
die mich gegen die Mauer werfen.
Ich ertrage sie stumm in der Erwartung fortgeschickt zu werden,
im Anblick Deines Rosenkranzes, der, soweit ich mich erinnern
kann, nie durchgebetet wurde.

Oktober

Dieses Metrum sehe ich nicht.
Die Zeit hat mich immer durcheinander gebracht
und ich wehre dem Höhepunkt.
Während Du schläfst bin ich echt,
weil Dein Herz schweigt und die Ärgernisse eine Pause einlegen
nach dem schlechten Tag.
Deine Haut ist nicht die gleiche,
angehäuftes Unglück,
Markierungen von der Absicht Pflichten und
Verlangtes zu erfüllen,
die wilde Natur deines Rückens schweigt jetzt.
Ruh dich aus während ich gehe.
Der Regen ist heftig und unaufhörlich
lässt den Hoffnungen nicht Raum,
der Schlamm hält gefangen.
Ich werde laut pfeifen
und Du wirst es hören.
Du wirst es mit einem dummen Wecker verwechseln
und wirst dich wie immer täuschen.

Der Winter

Der Winter ist etwas Intimes.
Dein Kamin ruft wieder
diese Glut zwischen den Rippen hervor
und das Fleisch brennt vor Genuss,
während draußen ein Regentag ist
und der feuerrote Lack auf den Zehen
Deiner Frauenfüße leuchtet,
Thermometer meines Lebens
Spur meines Verlangens,
auf einem kalten und nassen Weg
der immer zu Dir führt.

Ein Lachen vor dem Weggehen

Ich könnte wunderbare Dinge schreiben,
wenn ich nur die Worte fließen lassen würde
wie Flüssigkeiten gelöst in meinem Becher.
Ich könnte riesige Schritte machen,
wenn das Eis sprechen könnte,
während es vom festen Klotz zu Wasser schmilzt,
vor meinen immer starren Augen.
Und vielleicht könnte ich sogar an Gott glauben,
wenn er wenigstens einmal mit mir Gesprochen hätte.
Aber dein Gesicht verschwindet auch von hier,
wo die Erinnerung dieser lebendigen Farben
sich verwandelt in einen schrecklichen Tod,
der weder Beerdigung noch Kremation besitzt,
selbst keinen Grabstein, an dem man trauern könnte.
Ich habe die Antworten in den Nächten gesucht,
berührte dich im Schlaf, weil ich mich dazu zwang
bevor ich allein in der Kälte einschlief,
weil es richtig gewesen wäre von dir zu träumen
und ich habe jeglichen Weg verloren, jetzt wo ich wach lebe.

Und ich lasse dich einfach so gehen
Während du mich bluten siehst
Angelehnt am beleuchteten Fenster
Eines gemeinen Tempels
Und ich blute ohne es zu spüren
Gewöhne mich fast schon daran
Wenn die Sonne untergeht
Und der Abend friedlich und müde fortschreitet
Über mich, den großen Anämiker
Voll von Staub und Trümmern,
der die Dunkelheit nicht akzeptiert
auf eine Ziellinie zulaufend
versteckt hinter dem verchromten Gott
der wie ein blöder Bastard die Sicht verblendet
die Richtungen erntet, mich betrunken macht
meine Kräfte auf die harte Probe stellt,
die aus Wünschen und falschen Regenbogen bestehen
und die immer noch auf diese Schritte warten
wie das Fleisch, dass auf die Zähne wartet
in die Dunkelheit starrend ohne Katze zu sein.

Angst

Der Geruch des brennenden Holzes
wo du zwischen Hals und Haaren
noch tiefe Wurzeln besitzt
ohne im Boden zu verankert zu sein
auf dem du allein gewachsen bist
und über den Tod gelacht hast
der zum lebendigen Feuer führt,
morgens laut angezündet,
während man alte Lieder komponiert
zwischen Asche und Glut.
Die Farbe ändert den Rhythmus
Erstickt ehrliche Stimmen
Die schnell werden,
die vergessen und gehen lassen
um nicht zwischen den Räumen zu sterben
wo die Angst sich hinlegt
und die Decke auf ihre Seite zieht
um ihre Form zu beschützen
die nicht zufällig immer perfekt ist
und die sich nicht um deinen Frost und deinen schockierten Blick
kümmert.

Bild

Idyllischer Klang der ersten Lichter
Unterbrochen von der Sonnenaufgang deines Lächeln,
die letzten roten Flecken, die auf der Mauer geblieben ist,
ist bereit, Bild tu werden,
auf dem du die Darstellerin sein wirst.
Der Sonnenaufgang deines Lächelns, der brennt,
das Moment ist warmes Blut, das nebenbei rutscht:
jetzt und für immer werde nicht auf deine Supplica zuhören,
die mit Sätzen von unnötigen Erinnerungen impreca.
Der Sonnenaufgang, der mich verrückt macht
und der auf der Haut sich dick hinlegt,
langsam wie die Kommunion,
er verwandelt mich in was du wolltest,
in einem verlorenen Fehler.
Der Sonnenaufgang deines Lächelns
ist was mich am meistens ekelt,
ein Moment voller Staub,
eine Wärme, die ich nicht kenne, die mich irren lässt,
indem ich den Duft des verrosteten Metalls mag
in einem Tages,
wenn ich dich folgen werde.

Und solange

Ich werde Du werden
um dieses Gefühl nicht zu verlieren,
dass ich in meinen Taschen voller Löcher bewahre,
zwischen Feuerzeugen und Hausschlüssel,
und deine so ferne Melodien
werden Tonspur für den Staub
unter den Rädern meines Tageslaufs,
wenn ich Autobahnen rieche.
Ich werde die Worte tragen soweit ich kann,
ich werde sie an einer Nothaltestelle ordnen
und sie werden im Gestank der Abgase sein
wie auf dem Asphalt geborene Blumen.
Ich werde am Morgen Deine Augen aufsetzen,
um Deine Leiden zu sehen.
Ich werde es für die Tränen tun,
die ich trinken kann, wenn ich durstig sein werde.

Tränen, die ich nicht sehe
in Tausenden von Augenblicken, die ich nicht erlebe,
weil das Leben hart geworden ist,
weil ich zwei Zigaretten in mein Herz gelegt habe
eine für vor und eine für nach dem Tod.
Du hattest von einem harten Schlag gesprochen
Und ich sitze schon.

Schatten

Vor einiger Zeit schaute ich auf meine Schultern,
aber als ich deine Hände nicht fand
erinnerte ich mich an den Grund.
Du musst wissen,
ich beobachte die Farben.
Ich mache es nach und nach.
Zuviel würde mich blenden.
Als ob ich sagen würde,
dass ich das Problem löse in dem ich,
wie in Trance, langsam denke.
Vielleicht verlängere ich meine Agonie aus eigenen Willen,
aber ich liebe dieses aufkommende Schweigen
und verteile langsam die Beschwerden.
Mir gefällt es immer zu wissen
dass Deine Schmetterlingshaut
meine eigenen Farben trägt.

Lichter

Immer lachen
Wie eine leere Bestie
Die nie das Feld überschreitet
Und stehenbleibt in mitten der Zeit.
Ich habe das Messer voller Kraft geworfen,
und fand die Wunde interessant
aber weder dein Blut noch mein Wurf sind die Wahrheit.
Und so habe ich in den geliebten Stunden lauthals Gelacht
Von einem Wunsch beraubt ,der so alt und gewollt war,
so bekämpft und bespuckt,
aber ich habe nicht im Lotto gewonnen,
sondern habe es nachts in der Bar geraucht
und es war klar und tödlich,
sodass es sich mit Sicherheit um Altpapier handelte,
geregelt vom Staat.
Dann bin ich gelaufen,
um deine müden und leicht orientalischen Augen zu suchen,
die an Wutfarbene Wellen erinnern

Aus einem schwarzen und ernstem Meer,
das vielleicht sogar das einzige ist, das ich kenne,
denn die Blauen machen mir so Angst,
dass ich sie lieber von der Ferne aus betrachte.
Also halte mich fest
Auch inmitten der Stürme
Halte mich noch fest
Sowohl für die Lust als auch für die Langeweile.

Postkarte

Die Zugehörigkeit zur solidesten Schicht des Lebens
führt zum natürlichen Abbau
Die Abwesenheit bringt einen zu einer unnötigen Haltestelle
Und das bleiben in der Mitte ist immer die gleiche
scheiß Geschichte.
Also rubbel und Gewinn die Antwort.

Der Ursprung

Es kam eine Frau vorbei,
der Regen kam mit ihr,
und sie brachte Tränen mit
sowie bunte Flaschen.
Das Lila ihrer Augen
war ein verrückter Gesang
für die Bettler des Herzens
und blieb ins Trommelfell eingepflanzt
Wie eine goldene Nadel,
die der Erde zurückgebracht wurde.

Exploit

Erst war ich auf der Terrasse, dann in einem Garten
wo alle frei zu sein scheinen
und wenn ich Dich umarme
erschießt mich niemand,
aber manchmal fühle ich mich leer
ich bemerke fließenden Sand in meinen Händen zu haben,
unhaltbar,
und wenn er zerronnen ist, wird alles aus sein
und niemand wird sich an uns erinnern;
das Meer macht dieses kleine und rhythmische Geräusch,
das der Fantasie die Tore weit öffnet,
ich singe dir ganz leise dieses Lied;
kann ein Gedicht auch ein Lied werden?
Nein, das geht nicht.
Dichtung atmet auf andere Weise,
lauwarme oder heiße Liebe am Strand
und die Worte vergehen
und stürzen ins Meer.

Die Unerträglichkeit des Seins

Mir bleibt keine andere Wahl
als der letzte der letzten zu sein
Ein heftiger Hustenstoß bevor man ganz verschwindet
Das Lächeln eines Arschlochs, das mir natürlich entspringt
und die unendliche Dummheit ausgesprochen
von dem der an deiner Seite ist.
Ich könnte jede Axt dieser Erde begraben
Und akzeptieren, dass alles zum richtigen Zeitpunkt geschieht
Doch würde ich mich damit selbst verraten
und herausfinden, dass der Scheiß um uns normal ist
Das voranschreiten der Zeit macht mich rasend
und ich würde mich nicht wundern, wenn ich mich an einem
sonnigen Tag
sturzbetrunken wiederfinden würde, die Passanten auf der
Straße beleidigend.
Wir haben mit den Verlierern verloren
sind nun das offizielle Team
Doch ertrage nichtmehr die Verschwendung
Aller unnötigen Wörter.

Zimmer mit Ausblick

Nach und nach
mit den Händen in Richtung Unendlichkeit ausgestreckt
wird sich jemand überrascht umdrehen

Von der fehlenden Stimme
eines gestohlenen Schnappschusses
Symbol der Zeit

Das letzte Antlitz
das sitzend aufatmet
Gemischte Luft
Zwischen vergifteten Gasen

Hinter der Theke wird Lachen
ein Kindheitsgeschenk
Verloren auf dem Dachboden

Und die winterliche
die aufgeregt
einen fernen Hoffnungsschimmer zeigt
Nur sichtbar für diejenigen, die es sehen wollen
Es wird Leergut geben
zwischen glücklichem Schrott
Während heilige Vasen von verwöhnten Priestern
von allen umarmt werden

Es ist die Kunst unserer Zeit
Hockend und stehlend
Die jede Bewegung nachahmt

Die Einladung ist offen
Und hormonelle Türen
öffnen Ihren Fluss
vor unseren Augen

Das lange Auge

Das hält nicht mal ein Hund aus,
und sollte dieses Leben schlecht enden
werde ich vielleicht etwas bereuen;
es ist nicht der Stein, der die Liebe zerdrückt,
und ich sehe Dich,
Du hältst das Schweigen zurück
wie man den Atem zurückhält;
bring mir was zum Trinken mit,
wenn Du zurückkommst um mit mir zu sprechen
mit giftigen und spitzen Zähnen;
zeig mir Deine Hand, das Glas,
trink mit mir
mit offenen Augen.
Wir haben nie gelogen;
meinen Sätzen hast Du
ein Ende gemacht
aber indem ich rutsche
habe ich ein Stück ergriffen
und trage ich es in windige Tage.

Es ist das lebendige Gegengewicht,
das stark schlägt und den Motor antreibt.
Das hält nicht mal ein Hund aus,
und sollte dieses Leben schlecht enden
sobald die Dinge im Kopf einmal geklärt sind,
wandelt sich der Rest der gesunden Welt
mit Kehlstimme
sogleich in Gleichgültigkeit,
weil zwischen Leben und der Tod
die Liebe ist
und das erstere dem zweiten immer näher kommt.

Liebe und Hass

Deine Abwesenheit wird über mich kommen
und wird sich wie der Regen von den Dächern
zwischen den Gassen und Wasserabflüssen verlaufen,
wo die Ratten in Feststimmung
sich an meiner Stelle freuen werden.
Was bleibt ist immer nur das gleiche Foto
wie ein Epitaph mit Widmung,
das zeugt von den wenigen Stunden Hand im Hand,
nur die stumme Reue ist wie ein Behältnis
für meine verschwommenen Erinnerungen,
die darauf warten begraben zu werden.

Der Weg zum Blei

Wollust an einer Rose,
und ein Blütenblatt aus Blech,
scharf und zugleich warm,
drückt sich zwischen mich und die Hüfte,
und stirbt am bleiernen Sonnenaufgang.
Es hinterlässt Nachrichten auf der Decke,
ist angekommen ohne etwas zu sagen
und zitternd gegangen ohne sich umzuwenden
um eine Treppen nach der anderen hinabzusteigen.

Der Magen

Du hast mir als Erinnerung raue Hände gegeben
wie rohe Papierblätter,
ich schrieb darauf meine unnötigen Erzählungen,
dass die Haut wie Blut und Wut geworden ist.
Die Zeichen eines nun einsamen Lebens
laufen unter den Leuten ohne mit mir zu reden
und können sich setzen und mich anlächeln,
die Gesten interpretieren, wenn ich versuche
die Wände meines Magens zu berühren,
der Dich von Ferne nun anschaut,
wie einen alten Bergfelsen,
der bereit ist seine Brocken zu verlieren
– ich möchte , dass du durch solchen Zerfall
zur Ebene wirst.

TWO

Urban Love Makes Urban Poem

Der Einkauf

Die Flure sind immer zu eng
und eng ist auch dein Leben voller Gewohnheiten.
Die Regale sind riesen hoch und *full optional*
und dein rechtes Auge kann sich nicht entscheiden,
schielt hin zum Raum, den du im Kopf hast,
wo das Licht gedämmt und der Augenblick warm war.
Doch es ist der Einkauf, der nach der Grenze zählt.
Im Einkaufswagen bin ich klein und schaue umher.
Mit der Liste zwischen den Händen
fühle ich mich literarisch wichtig.
Die Hand streichelt mich
Zu viele Produkte hier, die man kaufen kann
Tödliche Unaufmerksamkeit bei der Qualität
Der Duft nach unverzeihlichem Zustand
Ich schau dich an und das schieben fällt dir schwer

Dieser Einkaufswagen ist schwer
Hat großes Salz für die Tränen
und Zucker für den Rest
Ein Sack voller antiker Gewürze
die gut darin sind einsame Seelen zu füttern
Während du mir meine Sicht stiehlst bist du ernst
Meine Hände sind nah
Und ich versuche zu lesen
Aber mein Geist denkt an was anderes
Riecht die heutige Essenz
Kümmert sich nicht um die Notwendigkeit des Essens
Weil es mich satt mich macht wenn ich dich sehe
Und ich wachse während ich mich zerstöre
Unter dem chaotischen Hintergrund
des sinnlosen Einkaufzentrums
Ich kann dich mit meinem Lächeln nicht ablenken
vom Angebot des Monats „2 für 1“
ich bin klein im Einkaufswagen
und meine Schreie haben keine Worte.

Schamlose Ausdrucksweise

Versuche zu verstehen, wann ich komme
Versuche mit der Haut zu hören
Absorbiere die Bewegung
Wie ein Kissen
Nimm die Masse und mach sie zu deiner
Frage nicht und gebe nicht
Bleibe still und lass dich überwältigen
Niemand hier ist eklig.
Hier ist niemand einen Scheiß Wert
Und Wunderlampen rollen wie Lawinen
Sie bringen jedes einzelne Fragment weg
Dein und mein Leben
Nur ein Teil des Fragments
Zwischen Tonnen von Geröll
Alles ein gehäufter Schlamm voller Leben
Aber wenn du zuhörst kannst du hören.
Versuche zu verstehen, wann ich komme
Versuche mit der Haut zu hören
Absorbiere die Bewegung

Es ist so einfach wie ein Becher zu trinken
Und über vergangene Tage zu lachen
Und viel heiliges Glück zu spüren
Dran zu bleiben ohne aufzugeben
Tanzen, tanzen, tanzen
Noch einmal wellige Bewegungen
Wiedervermischt wie Hautpigmente
Noch einmal Hand in Hand
Auf dem zarten Weg des Lebens.

Die Zeit

Der Käse ist abgelaufen,
ich habe nicht die Tage wahrgenommen,
ich hasse die weichen Käse, jedoch kaufe ich sie,
sie vergehen von einem Augenblick zum anderen,
sie entschuldigen sich nicht,
du machst den Kühlschrank auf und sie sind abgelaufen,
habe ich kein Zeitgefühl ?
L'affanno drückt auf die Brust
Ich laufe zu schnell
Ich überspringe die Zeiger, um für die Tage des Alptraums,
für die leeren Eindrücke,
für die verlorenen Blicken,
zu trainieren.

Halte meine Hand,
nein warte, halte beide
Wir werden den Stern finden,
der unser Sessel wird
und wir werden nie hungern,
während die Leere der Menschen
uns abgelenkt überfahren wird.

Halte meine Hand,
nein warte, halte beide
nicht wie ich, der die Leere ist,
bereit um das Blatt zittern zu lassen,
vor ungläubigen Augen,
derer die mich stumm auf die Welt kommen sehen haben.

Halte meine Hand,
nein warte, halte beide
Laufe ohne Schuhe mit mir,
ich bewahre die Erinnerung
auf dem krummen Rücken der Zeit
wird die Erde uns aushalten
und ich werde das Beste geben, dass ich nicht habe
während ich durchnässte Poesie singe
befreit von der Geschichte
und von philosophischen Phänomenen.

Halte meine Hand,
nein warte, halte beide
und dann entwirre mein Herz,
im Fach des Kühlschranks,
singt auf Zehenspitzen
manchmal unser Lied.

Alter Film

Der Morgen
war kalt und du hattest keine Nase.
Du warst zugedeckt, aber ich konnte dich sehen,
der Frost des Winters
die Wut des Besserwissens
dass es nicht die Zeit ist
und es auch nicht die Masse der Sachen ist,
zwischen diesen Schritten bevor man aufsteigt
wo die Welt verschwinden konnte
und du mein und nur mein für wenige Stunden
lachst uns aus über das Leben
und über die zukünftigen verzweifelten,
wie wir glücklichen
die schon unserer Träume beraubt wurden
die die Sirene des verrückten erwarten
nur um zu hören – es ist wie es ist -
eine Gottesanbeterin könnte mir sagen
wo die Umarmungen Leben
derer die uns glaubten
und vielleicht wirst du lernen
genau diese Augenblicke

nicht zu Lieben

die du in deinen Augen

lebendig unter Trümmern begraben hattest,

gefesselt im Pfahl der Erinnerungen

Lebst du im Tod

Neben Wolken und Stürmen,

die wir schon von weitem sehen werden

auch wenn wir unter ihnen stehen.

Trost

Eine Nacht kam um mich zu holen
Ich fand sie neben meinem Bett
Als sich die Kerzen sterbend
den Atem ausliehen

Eine Nacht kam herunter
Mit wechselnden Jahreszeiten
Und wir starteten ohne Absichten
Getrieben wie von gigantischen Arschtritten.

Die Unnötigen Folgen unnötiger Taten
Das Chaos, dass man nicht hören kann
Und es gibt keinen, der mich in den Schlaf singt
Nicht mal eine Umarmung vor dem „Fick dich“

Zufrieden und liegend, Blick Richtung Mauer
Ist das was ich sehe immer ich selbst in mir drin
Und wir schauen uns an.

Erde

Eine Schar von Tieren läuft talwärts,
ich beobachte sie sitzend von hier,
habe noch genug Wein
um mir die furchtbare Show zu gönnen,
die stärker ist als ich
und sich nicht fragt, wie es mir gehen wird.
Niemand wird sich Fragen stellen
wenn die Tierherde ankommen wird,
und mir wird nur die Flucht bleiben,
in einer Hand die Flasche
und mit der anderen meine Mütze fest
auf dem Kopf haltend.
So werde ich mit fliegenden Beinen rennen:
Ich werde mein empfindliches
und mittlerweile illusionsarmes Herz
nicht zerdrücken lassen.

Ihr könnt meine Erde zerstören,
für die ich Tränen und Tage geopfert habe,
gearbeitet mit nackten Händen und alleine.
Ich habe meine Liebe für sie versteckt
mit wollüstigen Augen
und dem Mund gefüllt von ihr.
Stille Erde,
Du hast sehr viel Mut gehabt,
hast akzeptiert geraubt zu werden.
Jetzt liegen alle auf der Lauer und Du weißt,
dass nur dunkler Staub bleiben wird,
und dass die Nacht endlos sein wird.

Brot

Während ich reise
ist es oft eine Rückkehr
Ich esse dein Brot
und finde deine Finger,
die sanften Abdrücke
und ich verschlinge sie langsam,
ich finde die benutzten Gesten
um mich als Mutter zu ernähren
ohne gezwungenes Mitleid
und vollkommen in ihren Pflichten
mit offenem Herzen,
still siehst du mich von Innen
während die Straße mich nimmt
und sich mit Erinnerungen nass macht,
die nie zu weit entfernt sind,
aber auch nie zu nah dran.

Trash

Atme erleichtert auf
und pfeife fröhlich vor dich hin,
der Bastard ohne Zeit
hat einen wertvollen Ring in der Tasche
gemacht aus Dolchen und hinterlistigen Fäusten,
ich suche das Warten der Lebenden,
derjenigen, die ernst fluchen
und zufällig mit Dummheiten um sich schießen,
ehrliche Lebensentscheidungen,
Erzählungen über Vergangene Zeiten
Zwischen ekligen blauen Teppichboden,
traurige *Trash* Vegetation
mit deinem verlogenen Lächeln
bist du bereit mich echt fühlen zu lassen.

Der Zug und die Furche

Dort wo der Blick sich dem Weg beugt
übergibt eine Hand ihr Unglück
So als ob das Lächeln verschwinden könnte,
wie das am Tag zuvor geöffnete Bier.
Der Hunger ist ein mähender Pflug,
lässt keinen Platz für unnötiges Mitleid
und wenn der Heuchler Fuß fasst
wird es genau in seinem Hintern landen,
als wäre es das letzte Stadium
als wäre die Mauer der angeschlagene
verletzte Rücken voller blauen Flecken
mit der Voranschreitenden Zeit,
die ihre wilden Flügel ausbreitet;
doch nun ist es der Klang, der tief eindringt
und die ganze festgefahrene Sicht
wird bald in gläsernen Schachteln abgelegt werden
um vielleicht das Morgen zu überstehen oder
vielleicht noch besser – eben auch nicht
es zählt wenig
dieser Zug ist gestartet und muss reisen.

Paddy

Und das ist nicht das Lied, das ich mir erhofft habe
Der Rhythmus stürzt sich auf mich
Ich werde einer der kommenden Monate
Der alles was bleibt mit dem Wind,
den von mir gesammelten Sternenstaub
und meinen innerlichen Anstrengungen vermischt,
ich könnte mein Foto erhängen
könnte es langsam wie die Nacht baumeln lassen
aber es wäre ein weiterer Tanz des Magens,
eine weitere Wette ohne Einsatz,
und wenn der Wind schräg bläst
sammle ich die Decken in meinen Hirnzellen,
ich spuck mich mit dem an was mir bleibt
und während ich mir mit billigem Tabak
am Fenster eine Kippe drehe
fühle ich mich in diesem Wahnsinn normal.

Der Mond und der Sessel

Halte diesen Teil des Gesichts fest,
nicht ausgesprochene Worte sind ein Fluch
der dich weit in den Nebel wirft
auf dessen Grauen Grund man nichts mehr sehen kann
und somit nur ein unüberwindbarer Weg bleibt
an jeder Seite ein gelangweilter Wald
und ein „Sepia“ Lächeln im Stil „vor vielen vielen Jahren“,
die unheimliche Schreie sind,
die nur an die Abwesenheit erinnern.

Halte diesen Teil des müden Gesichts fest
Denn das Auge sinkt Richtung Süden
Und bringt lebendige Koffer,
du siehst wie sie sich bewegen
während du wo anders hin schaust
auch wenn deine Arme sich schwer anfühlen
und du fängst an weiße Gräber zu graben
für einfache Leute ohne jeglichen Anspruch
die vielleicht ausversehen
über deinen Fuß auf einer überfüllten Straße
gestolpert sind.

Halte mit den Händen diesen Teil des Gesichts fest
Wenn ich weit weg sein werde
Und bete alle banalen Götter an
Als wären es meine,
in den aus Kaffee bestehenden Morgenstunden
und den mit Eile aufgefüllten Taschen
sind alle auf der Suche nach der Uhrzeit
die sowieso nie perfekt ist
weil sie sich mit den Reisen vermischt
im Kopf, im Gesicht, in dir.

Ohne Titel und ohne Atem

Schwache Entscheidung
Leichtes Aufstoßen
Schritt für Schritt
Schließt sich die Tür.
Das Chaos unter dem Haus
Ich übergebe mich wegen der schwülen Hitze
wegen dem warmen Chaos
Ich Übergebe mich.
Die lächerlichen Fußgänger
Bestehen darauf mich lieb zu haben
Mit kleinen Säckchen in der Hand
Wollen alle mein Erbrochenes aufheben,
aber es wird Zeit umzukehren,
den Unklarheiten den Rücken zuzuwenden
und mit sich selbst im Klaren zu sein,
in einem makaberen Tanz aus Treibgut
aufgereiht in Jahren harter Arbeit:
der Schritt ist ähnlich schnell wie der Espresso mittags um drei.

Der Fünfte

Ermüdende Erinnerung
Wie die eines faulenden Apfels
der sich auf einem weißen Tisch ruhend
an die Bewegung der immer farbloseren,
mit sexueller Belästigung angezogene Gesellschaft erinnert.
Organhandel die vor meinem Hintern ablaufen
Und weil ich immer angepisst bin,
werde ich die letzte Rechnung bezahlen
indem ich als letzer hinter dem Vorhang
einer alten jodelnden Nutte hervortrete,
bin Hund-Wolf-Katze-Maus
wer mehr hat sollte auch mehr geben,
ich bin woanders.
Deine Hoffnung bringt mich zum sterben
Intelektuelle Gewalt und Bosheit.
Jeder intime Lebensraum
Spuckt mir Beschwerden ins Gesicht
Wie eine Geige von Arman
Die im Schrank geopfert wurde

Der randvoll war mit Nervensägen

Die einen jede Stunde fragen wie viel Uhr es ist

Und die mich in einen wilden Kuckuck verwandeln

Der an jeder Ausfahrt

Ihre idiotischen synchronisierten Gesichter sieht.

Nahrungsmittelintoleranz

Jedermanns Tag beginnt mit einer Wette
Bei der man versucht den Jackpot
Beim Ersten Versuch zu gewinnen,
während man durch das Nadelloch steigt
ohne niemandem von dem Preis zu erzählen.

Von der Leere und von der Fülle
Vom Rot und vom Schwarz.

Ich esse die gleichen Gerichte auch wenn du mich nicht anschaust
Meine Angewohnheiten werden stärker als sie es mal waren
Und während ich altere fällt mir auf,
dass ich eine Intoleranz habe
eine verdammte Lebensmittelintoleranz
weil ich das Essen ganz verschlinge
glaube ich,
aber die angebotene Dummheit verstimmt meinen Magen
und ich bin nicht mal in Zentimeter gewachsen.

An den Tischen einer Bar

Wenn ich den Schwachsinn nicht toleriere,
bin ich ein Misanthrop.
Wenn ich gesellig bin, macht es mich zum Holzkopf,
ich trinke ein Glas,
ich schaue mich um und alle sitzen mir auf den Schultern.
Meine Gesichtszüge zu definieren
hat mich glücklich und zufrieden gemacht

Es hat gereicht um an ihren Tischen zu lachen
und falls ich es bereuen sollte, würde ich euch Bescheid geben,
per Post oder mit dem Fax!
Aber man muss realistisch sein,
mit sabbernden Hunden und Schweinen
kannst du nicht mit sicheren Arschbacken bleiben
ohne die Rechnung zu bezahlen, mein Freund,
du weißt, die einzige ökonomische Sache hier bin Ich.
Der große *Market,* der immer weiter wächst,
während er meine Zeit mit Kadavern verseucht.

Ich habe ohne Komplimente das Klo gespült,
meinen schlaff pendelnden Penis betrachtend,
als wäre es die Nadel der Waage,
die den Rhythmus um den Mund bestimmt,
während Sie wartend betrogen wird,
und sich zahlend an unserem nichts bereichert.

Spucke

Eine Farbe die Tränt
Ein Windstoß
Zwei Schritte im Garten

Wir rauchen die Verpesteten
Augen des Eises
Verbrauchtes Lächeln

Denn es ist sowieso das gleiche
Es zählt nur die Substanz
Und sich zu verlieren ist ein Flug.

Exploit für einen Brief

Erster Teil

Nichts ist vergleichbar mit deinem Geschmack
Alles ist entschieden und drückt stark,
sodass es mir vorkommt als würde ich im Säckchen ersticken
und ich stelle mir mich vor lila in einem Doppelkeks
gelagert in einer Zelle mit Hoffnungen
zurückerstattet dem Ofen wenn ich dem Hunger diene
derer die mir nahe sind
und das koche was ich bin
in meinen Tagen, jeden Tag

Zweiter Teil

Es ist Zeit die letzte Kippe zu rauchen und ich gehe,
ich gehe dahin wo ich sehen kann
ob deine Wahrheit mit mir übereinstimmt
und ob all das vom Leben geformte Wissen,
jede Intuition verarscht.
Wenn doch nur die Ablehnung Teil der Seele währe,
ein Teil der herausspringen würde
wie eine Farbexplosion,
ja, wie eine in diesen Cartoons, welche du so gut kennst
in denen eine schwarze Wolke sich selbst beschmutzt
ohne sich wirklich umzubringen
denn so kannst du dich zurück ins Spiel holen.
Aber das stört auf einer anderen Weise,
ich kann schon spüren wie die Fälschung vom Bildschirm
verschwindet
schon spüre ich die Lüge,
die in meinen Film als das Prélude von einem -danach- scheint
und jede Türe schließt,
und den Schlüssel wegwirft
indem es die Monster des Grolls an der ersten Reihe stoppt,
ewige Anwesenheit von unnötigen Wächtern.

Dritter Teil

Und mit der Bedrängung,
vermischt mit ihrem Geschmack,
schwimme ich von einem Ufer zum anderen,
und verschiebe die Gründe,
die Strömung nimmt mich mit und ernährt mich,
ich akzeptiere die Strudel und schwimme,
berühre das linke Ufer
und ohne die gesunden Ängste zu gewinnen
verkleidet als flinke nackte Wächter,
drohe ich wunderschönen Obsessionen und Rätseln
von ungelösten Wörtern
auf deinem Körper, das mit Stolz geworfen wird
gerade geschossen Richtung geheime Gedanken,
die in der Lage sind den Gewinn zu erhöhen
an diesem nicht gerichteten Tisch uns schwarz,
wo die Wette still sitzt
und schaut uns an,
die verwirrten Pupillen
und das Leben,
dass uns alles wegnehmen will.

Mitleidige Nutzung

Wenn Mitleid Trauer ist,
das Leben bitter wird
am Boden meiner Tonne,
die ihre Zähne
unter müden Schnauzern versteckt.
Der Wind zieht vorbei
Auch wenn die Fensterläden gut verschlossen sind.
Müde lächelt mein Gefühl,
das bereut wie nach einem Kater
von Leben, Blut und Liebe,
aber der Weg tropft vor „vielleicht“
was weiß er schon von seinen Geschäften?
Während er den Eckel von Naftalina
In Jute Beuteln versteckt
Und friedliche Nächte schläft
In denen er ein Handbuch fest umklammert,
wie ein Hund es mit seinem Fressnapf macht.
Mitleid ist traurig, ja.
Es macht das Nachher brutal
Und macht solang einen Schritt
Zwischen mir und dem Rest.

Sanduhr

Sobald ich das Nichts
in Besitz genommen habe
werde ich es in den Koffer packen,
werde es sorgfältig zusammenlegen,
auch wenn ich vergessen habe
wie Du es mich gelehrt hast.
Denn, weißt Du,
manchmal steht man gemeinsam am Rand des Abgrunds,
es ekelt Dich, verschließt Dir den Mund,
und die Worte wandeln sich in schneidend scharfe Scherben,
die umsonst geschliffen sind,
wenn Du nicht töten kannst.
Du verbreitest langsam das Genörgel ,
dieses dumme Gejammer,
und sobald der Sand in der Sanduhr zerronnen ist
wird sich niemand mehr um uns kümmern.
In unserem Inneren waren wir ´Wir´;
nun verliert es sich in einem ´Sie´ für andere
und verblasst in der Vergessenheit.

Die Zeit jedoch ist nicht verloren,
Sanduhr mit Deinen schwachen Hüften;
es wird eine Beziehung entstehen,
eine Welt ohne Zeiger
eine unzerstörbare Heiligkeit,
und das Fleisch und das Leiden,
dass unseren begrabenen Augenblicken anhängt,
putzt sich raus und lächelt uns tot an.
Nun bin ich ein Gebäude,
und befreie mich
von einer weichen ´Lucky ´ nach der anderen;
ich reinige mich wie der Hund
der das Grass übergibt,
mir egal.

THREE

Die Türe

Ein Verrückter steht vor der Tür
Der schreit und singt
Er wartet auf Oberschenkel, die er sättigen kann
Denk daran wenn du willst,
durch die meinen, jetzt die deinen,
die wie feurige Peitschen sind
mit schneidender flüssiger Hitze.
Ich höre das Geräusch vor dem Fenster,
spüre dass ich mehr genieße als die anderen
und dass das Folgen haben wird.
Für die Asche der Gegenwart
Und dafür ewig leben zu wollen.
Mal schauen wie das Enden wird.
Doch wenn der morgen kommt
Kann nur ein Verrückter singen.

Der Traum Exploit

Ich behalte den Traum
und zerreiße den Schleier.
Will ihn nicht verdünnen,
aber die Zeit schlägt hart
und gießt Abwasser
in den Wein meiner flüchtigen Erinnerung;
lässt hinter sich rote Scherben
wie Herzsprosse,
die auf dem dürren Boden eines Lebens wachsen,
das sehr klar die Form des endgültigen Abschieds trägt,
als wollte sie nichts wissen von diesem Traum,
der einige Tage prägt,
in denen ein verrücktes Begehren brennt
dass dir die Seele rauben kann.

Osvaldos Schlaflosigkeit

Die schlechteste Idee liegt auf der Hand,
die sich austreckt
und sich das seltene Flüstern klaut
dass sich am Ohr verflüssigt
und meine Leere mit Rosen füllt
und spuckt schwarze Urteile auf mich,
die letztendlich so wie Butter in der Sonne sind,
in einer Hülle von plastischen Leiden,
das irgendwo zu verderben liegt
und vermeidet eine laute und zersplitterte Verbreitung
und, das auf die endgültige Verschmelzung wartet,
die als kleines Bach nach unten fließt,
voll mit öligen Hoffnungen, im Kopf verwurzelt,
die kleinen stinkigen Tricks schweigen,
die ab und zu in meine spätere Unschuld
ohne Erfolg zu eindringen versuchen,

da ich oft auf den Rücken schlafen versuche.

Aber es ist nur ein Tag mehr und man wird dessen Illusion leben

Auf den Straßen, die den Weg sind,

immer eng und Kurvig

umgeben von vollen fast essbaren Gesten,

unruhig, wie lästigen weißen Fahnen,

die ernst und streng und sinnlos sind,

weil hier der Effekt Gedächtnis scheint in Standby

wie dieses langweilige rote Licht, das immer brennt,

vor deinen Augen,

nachts unter dem wilden Neon.

Die sechste Stunde

Ich dränge die kaltgepresste Hirnhaut
an meine Mauer
von dem Tag geraubten Augenblicken
und höre wie der Wind mit mir redet
über unberührbare Entfernung
zwischen Vakuum und dem Herz.
Ich kann Dich nicht verschlingen;
ich komme mit anstandslosem Antrieb,
liebe dich so wie ich kann,
ziehe dich unter Lichter, die ich nicht sehe,
die alleine und auf den Fußzehen angekommen sind
in dieser automatischen Bewegung,
die lächelt und mir hilft
mich Kind zu fühlen,
wenngleich aus veredeltem Unglück
billige Liköre destilliert werden,

die nicht mal für einen Rausch taugen
der auf meinen Schultern ruht
während der nächtlichen Überseereise,
und den ich abzuschütteln versuche wie einen Floh.
Ich strecke eine Hand aus in die Leere
und mit der anderen berühre ich
die Decke des Denkens,
die immer verseucht ist mit einsamen Zweifeln,
die vielleicht vor langer Zeit begraben wurden,
in der die Worte sich lautlos zeigen
und fast rückwärtsgehen
indem sie ihre Geheimnisse hüten
ohne ihre echte Raubtiernatur zu vergessen,
voller Gier auf meine Ruhe.

Dämmerschlaf

Der Schaum bleibt auf dem Kopf
Und ich wäre am liebsten für immer schlaflos
In meiner tödlichen Gegenflut
Die die Vorhänge nachts bedeckt
vergangene Seelen springen lässt
und lächerliche Geister beseitigt,
die mit wiederkehrender Unfähigkeit
zur Vergeudung des Morgens führen,
der wie ein Affe umarmt
mit dreckigen Fingernägeln kratzt
von Fingern schwarz wie die Armut;
die nackt in mein Haus kam
mit leerem Gesicht
an den ewigen Augenblick denkend,
wie das eng umschlungene Blut
in den Adern voller Luft

mit ständiger Embolie

die wie durch heilige Spritzen geschossen,

fähig ist die Idee einzuschläfern

um dich vor der momentanen Ekstase zu retten

in der recyclebaren Reise.

Interview am Zugfenster

Tage, die von der rohen Liebe abgetragen werden
Gesichter mit der Erinnerung -dass ich dich liebte-
Und einen Sprung Richtung der letzten Stufe
Eines rollenden Zugs, an der Haltestelle
Voller hässlichem rosa Lächeln
Wie in einem Trash-Foto Kuss,
die noch nie ausgesprochene Sätze versprechen
gemischt mit unnötigem und traurigen Geflüster
vor dem: Du wirst sehen, es wird Alles gut gehen,
wenn das – Gut – ist in der Flasche schön
und du kannst Nichts mehr davon
wenn nicht nur sitzen bleiben, mit Musik in deinem Trommelfell
wenn du siehst, dass alles da draußen glücklich ist,
anders als du mit deinen Problemen
und die Träume haben offene Augen ohne Rast
und schauen aus nach einer unschuldigen Zukunft,

die Stärke und Herz in der Hand hält

in einem Spiel ohne Regeln,

wo die List uns an Frieden erinnert

in einem absurden Rhythmus von Worten

von Flaschen ohne Pfand

von Hoffnungen beim Karten lesen

und von Zigeunerinnen, die die Seele rauben,

die Verwirrten Umarmungen schenken,

in der armen Hirnrinde,

die Kilometer um Kilometer

immer weniger grau wird.

Ja! Aber in Abschnitten

Ich schrieb seit langem nicht.

Wo bist du gewesen?

Die Basis für die Zukunft zu suchen.

Hast du sie gefunden?

Es ist komisch wie die Leute sehen,

es gibt wenig Solides und wenig Reelles.

Hat die Zukunft überhaupt einen Sinn?

Der Sinn ist in dem was wir tun,

Die Zukunft ist eine Folge.

Ich habe Tag und Nacht gearbeitet

Und hunderte von Leben gelebt,

alle freigesprochen, alle entschieden.

Der Sinn bleibt mir unbekannt

Manchmal scheint es den Ertrunkenen zu sehen,

der an der Oberfläche eines stillen und dreckigen Sees schwimmt.

Musst etwas bauen?

Ich habe zerstört, um wieder zu bauen

Und habe Grenzen und entweihte Länder übertreten

Als ob sie wie Jungfrauen zu besitzen gewesen wären,

in einem verrückten Lauf, zusammen mit Narren.

Hast du das Projekt beendet?

Ja, ich bin stolz darauf und es wird lange dauern,

und ohne Anziehungskraft lege ich die Träume hin

und mein Leben wird sie schweigend absorbieren.

Wohin wirst du jetzt gehen?

Die Basis für die Zukunft suchen.

Die zerbrochene Sanduhr

Du hast dem Schlussverkauf

Eine neue Bedeutung gegeben

Und hast dein Wissen den Schweinen gegeben

Ohne deine Natur zu verstecken,

die du als heilige bezeichnet hast,

um eine Idee zurück zu bekommen,

die verschmutzt ist mit Matsch und Leichen,

die im Krieg zerstückelt wurden,

die dich vielleicht nur ganz leicht interessieren

auch, wenn du drüber läufst

auch, wenn du in der Tasche ein gefälschtes Bild hast.

Das Leben kehrt nicht zurück.

Ich schenke Dir diese Tatsache.

#1

Nichts ist offensichtlich

Die vollen Flüsse

Die wirren Gedanken

Die Dummheiten der Seele

Die fälligen Boshaftigkeiten

#2

Deine Worte wie Granit

Geschenk des Erbrochenen

Beispiel des Nichts

Entzugskälte

Unnötiger Schauer

Ich schüttle die Tischdecke

#3

Meine Adern pulsieren

Die Tempel spielen Musik

Zarte Hände

Ohrfeigen meine Seele

Das Lächeln wie eine Schublade

In der ich Erinnerungen verstaue

Doch ich ertrinke in der Dusche

Am Abend.

#4

Regeln definieren

Sich vor Angst in die Hosen machen

San Andreas anschauen

Und die Sterne die vom Himmel fallen

Auf die Köpfe aller

Man braucht keinen Hut

Ich hab noch zwei würfe frei

Am Filter angekommen

Wird die Leere des Sonnenuntergangs sein

#5

Mein Schritt ist langsam

Die Hände halten nicht still

Kaputter Magen

Muss mal wieder zum TÜV

Mein Mechaniker bringt mich um

Weil ich mich verschwende

Und dort anschlage

Wo der Verdienst stirbt.

#6

Wenn es ein toter Kampf ist

Ein winterlicher Schüttelfrost

Die Türe welche Eingangsrechte vernichtet

Wir bauen einen Zaun

Den Ausweis in die Tasche

Eine Nummer auf den Schultern

Aufgereiht um geschlachtet zu werden

Halte verdammt nochmal meine Hand

Ich verdrücke auch ein paar Tränen für dich

#7

Gestrecktes Bein am Abend

Zeig mir den Altar

Ich stoße mein Kopf dagegen

Der Marmor gewinnt immer

Ich hatte Freunde die mit Marmor arbeiteten

Sie haben Ihre Knie verloren

Als würden sie jeden Tag beten

Hier betet keiner

Wir haben lieber Plastik

#8

Ich habe einen flachen Bauch

Nachgebenden Durst

Verschimmeltes Brot

Einen stillen Magen

Die Augen nach Osten gerichtet

Und vom grünen Berg

Rollt das Leben hinab

#9

Das Wort wird gravierend

Der Fuß schwer

Ich schaue an meine Schultern

Sie fallen und lachen

Ich verdünne mich im Schwarz

Entferne den Sicherheitsgurt

Zieh meine Brille an

Und sehe schlechter

Das erste Spektakel

Hat die Farbe von Migräne.

#10

Zehn meine Finger

Zehn kleine Stücke

Zehn Minuten und ich höre auf

Das Buch geht in Frieden

Noch einen Schritt

Auf dem Rand der Zusammenhält

Kranker Abfall

Salzige Geschichten

Zwischen schwarzem Gewässer

Das sich friedlich verliert

In einem Meer voller Scheiße.

Zeitfracht Medien GmbH
Ferdinand-Jühlke-Straße 7
99095 Erfurt, Deutschland
produktsicherheit@kolibri360.de